DE:

PARA:

© 2018 Vergara & Riba Editoras S/A

EDIÇÃO Fabrício Valério
TEXTO Natália Chagas Máximo
REVISÃO Camélia dos Anjos
DIREÇÃO DE ARTE Ana Solt
DIAGRAMAÇÃO Barbara Rodrigues
CAPA Barbara Rodrigues

Dados Internacionais de Catalogação na Publicação (CIP)
(Câmara Brasileira do Livro, SP, Brasil)

Para o amor da minha vida, [texto Natália Chagas Máximo].
-- São Paulo : V&R Editoras, 2017.

ISBN: 978-85-507-0159-2

1. Amor 2. Livros-presente 3. Namorados – Citações, máximas, etc.
I. Máximo, Natália Chagas.

17-09827   CDD-802

Índices para catálogo sistemático:
1. Livros-presente 802

Todos os direitos desta edição reservados à
VERGARA & RIBA EDITORAS S.A.
Rua Cel. Lisboa, 989 | Vila Mariana
CEP 04020-041 | São Paulo | SP
Tel.| Fax: (+55 11) 4612-2866
vreditoras.com.br | editoras@vreditoras.com.br

CRÉDITO DE IMAGENS
Do acervo de:

Imagem de capa	Projetado por Waewkidja - Freepik.com	p. 24, 25	Projetado por Jcomp - Freepik.com
p. 4, 34	Projetado por Ijeab - Freepik.com	p. 26	© wavebreakmedia / Shutterstock
p. 6, 7, 32, 33, 36, 58, 59	Projetado por Freepik	p. 28, 29	© Genessa Panainte / Unsplash
		p. 30, 31	© oneinchpunch / iStockphoto
p. 8	© iravgustin / Shutterstock	p. 35	© Anete Lūsiņa / Unsplash
p. 11, 1	© Mila Supinskaya Glashchenko / Shutterstock	p. 39, 44, 45	© Rawpixel.com / Shutterstock
		p. 40	© Jose Escobar / Unsplash
p. 12	© GeorgeRudy / iStockphoto	p. 42	© Olesia Bilkei / Shutterstock
p. 14	© Pavels Hotulevs / Shutterstock	p. 46, 47, 51	Projetado por V.ivash - Freepik.com
p. 18	© Rawpixel / iStockphoto	p. 48, 49	© Halfpoint / Shutterstock
p. 20	© Astarot / iStockphoto	p. 52, 53	Projetado por Creativeart - Freepik.com
p. 23	© Isabel Sacher / Unsplash	p. 54	© William Stitt / Unsplash
		p. 56	© zadirako / Shutterstock

PARA O AMOR DA MINHA
vida

**Quando você passou
A FAZER PARTE DA MINHA VIDA,
Tudo mudou...**

...e pude perceber
QUE SÓ FALTAVA VOCÊ
para que eu me sentisse
COMPLETAMENTE FELIZ.

AO SEU LADO TUDO GANHOU UM NOVO SENTIDO...

...pois agora há novos sabores e novas cores em minha vida.

...mesmo que,
no íntimo, já soubesse
que te encontraria um dia.

Toda vez que olho
no fundo dos seus olhos,
é como se nada
mais existisse...

...e eu me encanto
por você, como se fosse
a primeira vez.

Eu adoro poder enxergar o mundo sob o seu ponto de vista...

...POIS PARECE QUE HÁ SEMPRE ALGO NOVO PARA OBSERVAR OU PARA DESCOBRIR.

O AMOR
é confiança.

Você e eu construímos um elo
INDESTRUTÍVEL DE CONFIANÇA...
...e juntos nós vamos
CONQUISTAR O MUNDO.

EMBORA
nem tudo seja sempre
doce ou fácil, e que alguns
momentos sejam difíceis...

...EU SEI QUE
acreditar na história que
estamos construindo foi
a melhor aposta da minha vida.

Todo casal tem seu amor À PROVA E PRECISA ATRAVESSAR algumas tormentas...

...mas sei que venceremos TODOS OS DESAFIOS, POIS A FORÇA DE NOSSO SENTIMENTO É maior do que tudo.

QUANDO SEGURA A MINHA MÃO, TENHO A CERTEZA DE QUE VOCÊ É O MEU DESTINO...

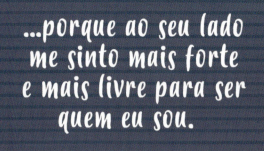

...porque ao seu lado me sinto mais forte e mais livre para ser quem eu sou.

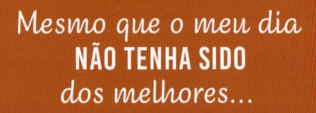

Mesmo que o meu dia
NÃO TENHA SIDO
dos melhores...

...você sempre consegue
ME FAZER SORRIR.

Ao seu lado, tudo se torna muito mais alegre...

...e a diversão nunca para. Como não te amar por isso?

Acho que isso acontece porque fazemos de cada momento uma festa particular...

...afinal, só o fato de estarmos juntos já é uma **BOA RAZÃO PARA CELEBRAR.**

Você vive com a cabeça nas nuvens. E, às vezes, preciso te ajudar a não se perder em seus sonhos.

Outras vezes, é você que tira os meus pés do chão e me empresta suas asas para que eu possa sonhar um pouquinho.

MAS, A MELHOR PARTE DE TER VOCÊ AO MEU LADO...

...É PODER DIVIDIR

nossos sonhos mais malucos.

Você sempre
me encoraja
a seguir em frente
e me faz acreditar
que tudo é possível!

Sonhar ao seu lado
é a melhor aventura
em que eu poderia
ter embarcado.

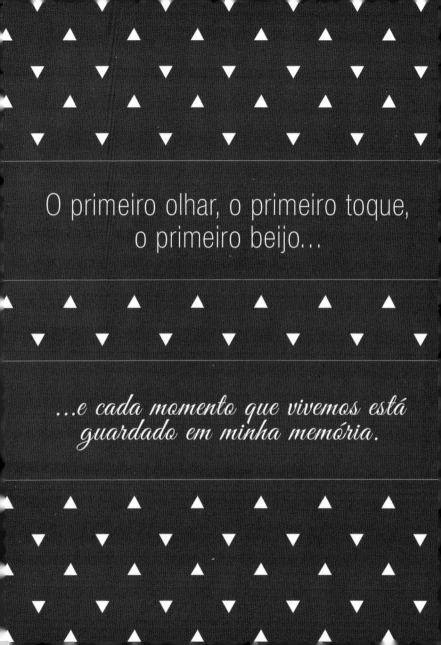

O primeiro olhar, o primeiro toque, o primeiro beijo...

...e cada momento que vivemos está guardado em minha memória.

Eu me alegro quando fecho olhos e vejo que registrei as curvas que formam seu sorriso...

...tenho cada pedacinho seu gravado na minha mente, assim como cada pedaço da nossa história.

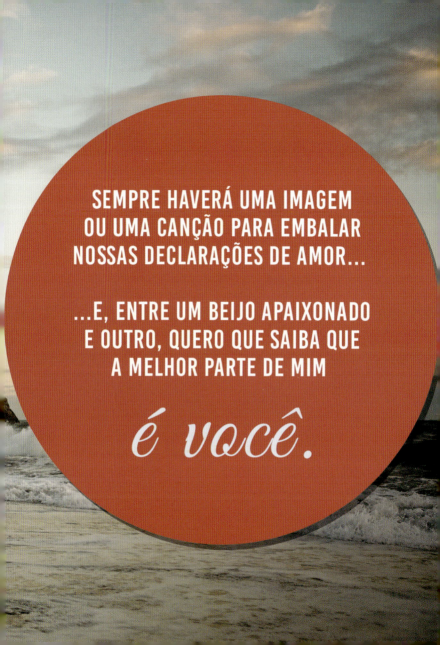

SUA OPINIÃO É MUITO IMPORTANTE

Mande um e-mail para
opiniao@vreditoras.com.br
com o título deste livro no campo "Assunto".

1ª edição, maio 2018
FONTES: Bebas Kai, Great Vibes, Jasmina Regular,
Helvetica Neue Thin Condensed e Fibre Vintage
Impresso na China • Printed in China
LOTE 1511/17AP13